W9-AFF-400

EL SISTEMA NERVIOSO

Libros sobre el cuerpo humano para madrugadores

POR JOELLE RILEY

EDICIONES LERNER • MINNEAPOLIS

Para Teri, mi sabia amiga

Traducción al español: copyright © 2007 por ediciones Lerner
Título original: *The Nervous System*
Texto: copyright © 2005 por Lerner Publications Company

La edición en español fue realizada por un equipo de traductores nativos de español de translations.com, empresa mundial dedicada a la traducción.

ediciones Lerner
Una división de Lerner Publishing Group
241 First Avenue North
Minneapolis, MN 55401 EUA

Dirección de Internet: www.lernerbooks.com

Las fotografías presentes en este libro se utilizan con autorización de: © Stockbyte, págs. 5, 33, 43; © Jim Cartier/Photo Researchers, Inc., pág. 6; © Bachmann/Photo Researchers, Inc., pág. 7; ©Diane M. Meyer, págs. 8, 29, 37, 41; © Wolfgang Schmidt/Peter Arnold, Inc., pág. 9; © Lester Lefkowitz/CORBIS, pág. 11; © David M. Phillips/ Photo Researchers, Inc., pág. 12; © Ed Reschke/Peter Arnold, Inc., pág. 14; © Science Photo Library/Photo Researchers, Inc., págs. 15, 20, 38; © Ralph C. Eagle, Jr./Photo Researchers, Inc., pág. 16; © Don W. Fawcett/Photo Researchers, Inc., pág. 17; © Sercomi/Photo Researchers, Inc., pág. 18; Royalty-Free/CORBIS, págs. 19, 48 (superior); © Astrid & Hanns-Frieder Michler/Photo Researchers, Inc., pág. 22; ©Scott Camazine & Sue Trainor/Photo Researchers, Inc., pág. 23; Photodisc Royalty Free by Getty Images, págs. 24, 34; © D. Roberts/Photo Researchers, Inc., pág. 25; © CNRI/Photo Researchers, Inc., pág. 27; ©Damien Lovegrove/Photo Researchers, Inc., pág. 28; © Manfred Kage/Peter Arnold, Inc., pág. 30; © Geoff Tompkinson/Photo Researchers, Inc., pág. 31; © Volker Steger/Peter Arnold, Inc., pág. 32; © Eye of Science/Photo Researchers, Inc., pág. 35; © Todd Strand/Independent Picture Service, pág. 36; © Nana Twumasi/Independent Picture Service, pág. 40; Eyewire by Getty Images, pág. 42; © The Photo Works/Photo Researchers, Inc., pág. 46; © Lawrence Migdale/Photo Researchers, Inc., pág. 47; © Jeff Greenberg/Peter Arnold, Inc., pág. 48 (inferior). Portada: © BSIP Agency/Index Stock Imagery. Ilustraciones cortesía de Laura Westlund, págs. 4, 10, 13, 21, 26, 39.

Library of Congress Cataloging-in-Publication Data

Riley, Joelle.
   [Nervous system. Spanish]
  El sistema nervioso / por Joelle Riley.
    p. cm. — (Libros sobre el cuerpo humano para madrugadores)
  Includes bibliographical references and index.
   ISBN-13: 978-0-8225-6255-9 (lib. bdg. : alk. paper)
   ISBN-10: 0-8225-6255-3 (lib. bdg. : alk. paper)
   1. Nervous system—Juvenile literature. I. Title. II. Series.
  QP361.5.R5218 2007
  612.8—dc22   2006000317

Fabricado en los Estados Unidos de América
1 2 3 4 5 6 – JR – 12 11 10 09 08 07

CONTENIDO

encéfalo

médula espinal

nervios

EL
SISTEMA
NERVIOSO

DETECTIVE DE PALABRAS

¿Puedes encontrar estas palabras mientras lees sobre el sistema nervioso? Conviértete en detective y trata de averiguar qué significan. Si necesitas ayuda, puedes consultar el glosario de la página 46.

cerebelo
cerebro
corteza
cráneo

encéfalo
médula espinal
nervios
órganos

receptores
reflejos
tronco encefálico

Tu cuerpo es una máquina compleja. ¿Qué cosas están pasando en este momento dentro de él?

El cuerpo tiene muchos sistemas y aparatos. Los sistemas y aparatos son conjuntos de órganos que realizan una función determinada. Éstos le ayudan a tu cuerpo a hacer lo que necesita para vivir.

Los músculos y los huesos te ayudan a moverte, el corazón bombea sangre por todo tu cuerpo, los pulmones absorben el aire y tu estómago descompone la comida. Pero . . . ¿qué hace que todos estos sistemas y aparatos funcionen?

Los sistemas y aparatos de tu cuerpo te ayudan a hacer cosas, como jugar.

El sistema nervioso controla todos los otros sistemas y aparatos. Está al tanto de todo lo que sucede en tu cuerpo. Les indica a los otros sistemas y aparatos lo que tienen que hacer. Si no hubiera sistema nervioso, ninguno de los otros sistemas y aparatos podría hacer su trabajo.

Tu sistema nervioso hace que todos los otros sistemas y aparatos funcionen. También te sirve para a pensar.

Tu sistema nervioso les dice a los músculos cómo moverse.

Pero el sistema nervioso hace mucho más que controlar los otros sistemas. Te ayuda a bailar, armar rompecabezas y reír. Te sirve para recordar los nombres de tus amigos. Te ayuda a ver las flores y a escuchar música. Incluso te ayuda a soñar.

EL ENCÉFALO LES DICE A LOS MÚSCULOS QUÉ HACER

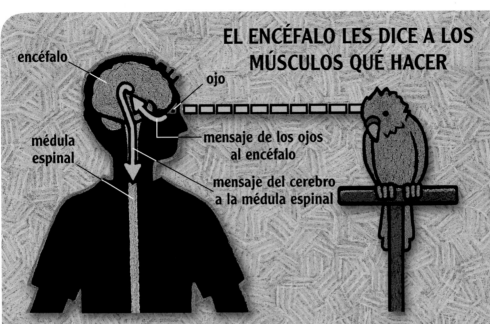

Cuando ves algo interesante, tus ojos le envían un mensaje al encéfalo. El encéfalo decide qué hacer y envía un mensaje a la médula espinal.

La médula espinal transmite el mensaje a los músculos y les indica qué deben hacer.

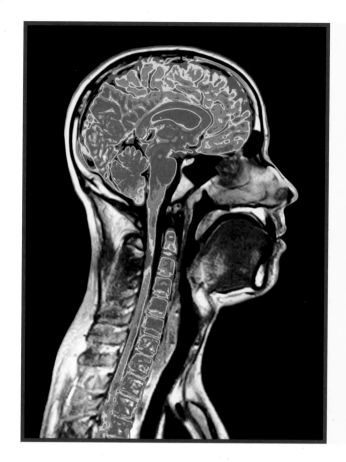

Esta imagen muestra el interior de la cabeza y cuello de una persona. Las partes coloreadas muestran el encéfalo y la médula espinal.

Tu sistema nervioso está compuesto por los nervios, la médula espinal y el encéfalo. Los nervios transportan mensajes por todas partes del cuerpo. La médula espinal comunica los nervios con el encéfalo. El encéfalo piensa y está al tanto de todo lo que sucede en tu cuerpo. Les dice a los otros sistemas y aparatos qué deben hacer.

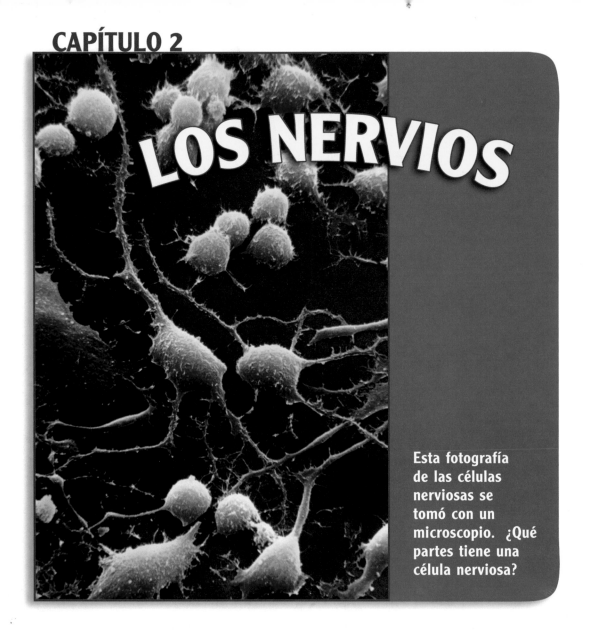

CAPÍTULO 2

LOS NERVIOS

Esta fotografía de las células nerviosas se tomó con un microscopio. ¿Qué partes tiene una célula nerviosa?

Los nervios están hechos de un tipo especial de células llamadas células nerviosas. Su trabajo es recibir mensajes y transmitirlos.

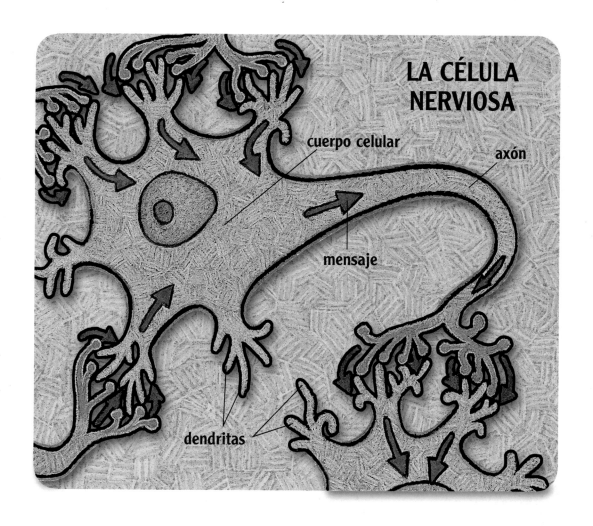

LA CÉLULA NERVIOSA

cuerpo celular

axón

mensaje

dendritas

Cada célula nerviosa tiene un cuerpo, un axón y dendritas, que son ramificaciones con el aspecto de pelos. Las dendritas reciben un mensaje y lo llevan hasta el cuerpo celular. Luego el mensaje pasa por el axón, que lo transmite a las dendritas de otra célula nerviosa.

Las células nerviosas son diminutas. Para verlas necesitarías un microscopio. Los nervios están formados por haces o conjuntos de muchas células nerviosas. Los nervios son lo suficientemente grandes como para poder verlos sin un microscopio.

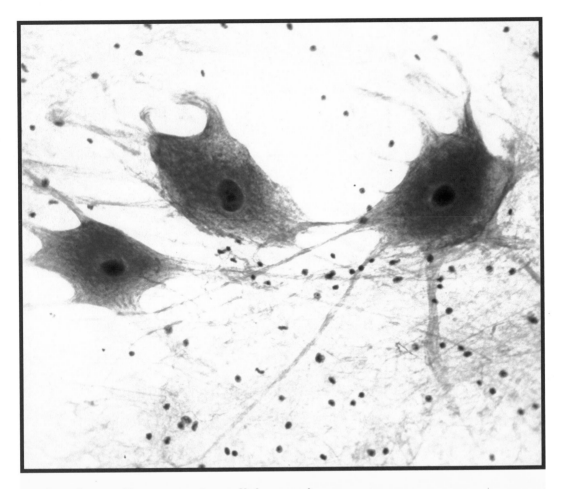

Esta fotografía muestra tres células nerviosas.

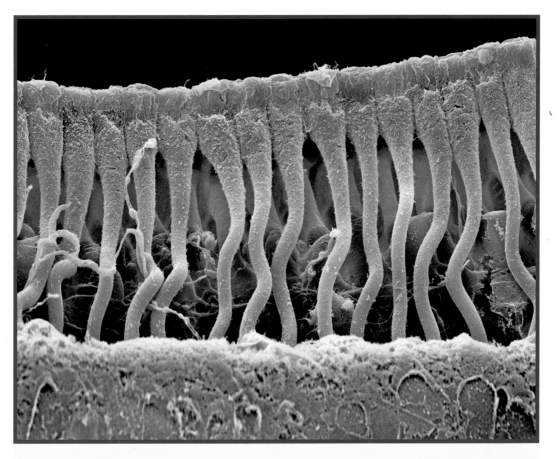

Las células de esta fotografía se encuentran dentro del oído. Las células nerviosas de esta parte del oído reúnen información sobre los sonidos que escuchas.

Algunas células nerviosas reúnen mensajes de la piel o de otras partes del cuerpo. Estas células se llaman receptores. Los receptores reúnen información del mundo y de tu cuerpo.

Los receptores de la piel, los oídos, los ojos, la nariz y la lengua reúnen mensajes del mundo que te rodea. Otros receptores reúnen mensajes del interior de tu cuerpo. Las células nerviosas transmiten los mensajes a la médula espinal o al encéfalo.

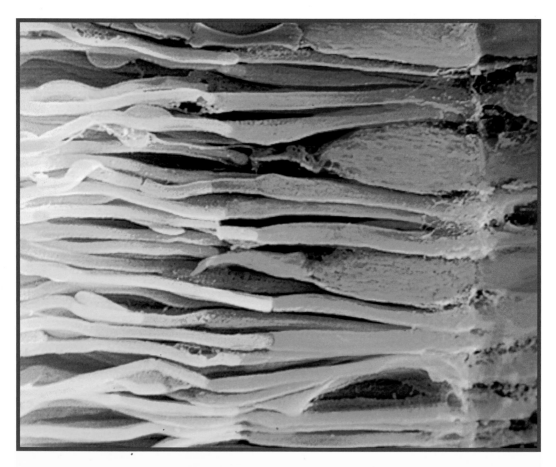

Unas células especiales del interior del ojo reúnen información sobre las cosas que ves.

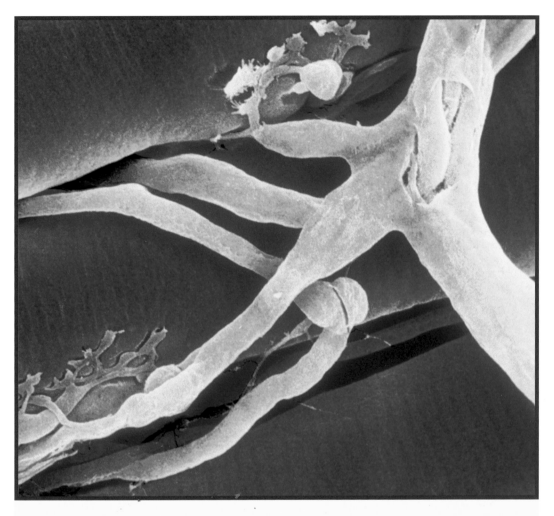

Esta fotografía muestra un nervio que transporta mensajes a las células musculares.

Otras células nerviosas reúnen mensajes del encéfalo y los transportan a los músculos o a otras partes del cuerpo.

Un nervio es como un cable de teléfono hecho de muchos alambres distintos. El cable de teléfono puede enviar muchas llamadas al mismo tiempo, porque cada llamada pasa por un alambre. Un nervio también puede enviar muchos mensajes al mismo tiempo. Cada célula nerviosa envía un mensaje distinto.

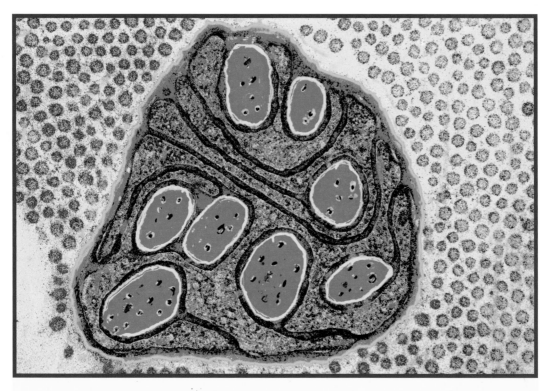

Cada nervio está hecho de haces o conjuntos de células nerviosas. Esta imagen muestra el interior de un nervio.

Los nervios envían mensajes con mucha rapidez. Te ayudan a moverte rápidamente cuando juegas al fútbol.

Hay nervios en todas partes del cuerpo. Los mensajes se transmiten con mucha rapidez a través de los nervios. ¡Un mensaje puede viajar desde el cerebro al pie en menos tiempo del que demoras en pestañear!

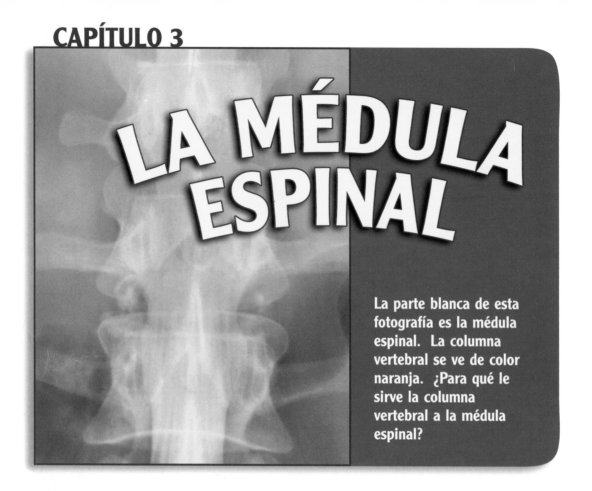

CAPÍTULO 3

LA MÉDULA ESPINAL

La parte blanca de esta fotografía es la médula espinal. La columna vertebral se ve de color naranja. ¿Para qué le sirve la columna vertebral a la médula espinal?

La médula espinal es un haz grueso de nervios que parece una soga blanca. Se llama médula espinal porque pasa por unos agujeros de la columna vertebral, que recibe también el nombre de espina dorsal. La dura columna vertebral protege de lesiones a la médula espinal.

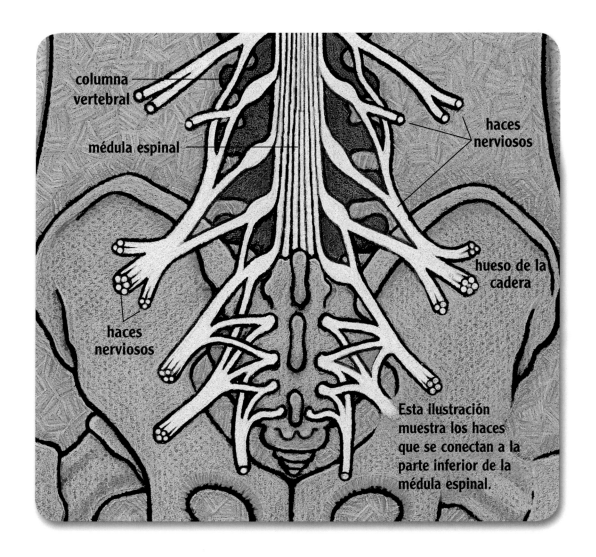

columna vertebral

médula espinal

haces nerviosos

haces nerviosos

hueso de la cadera

Esta ilustración muestra los haces que se conectan a la parte inferior de la médula espinal.

Los haces nerviosos de todas partes del cuerpo se conectan a la médula espinal. Algunos nervios reúnen mensajes de la médula espinal y los transmiten a otras partes del cuerpo.

Otros nervios transmiten mensajes a la médula espinal, la cual los envía al encéfalo.

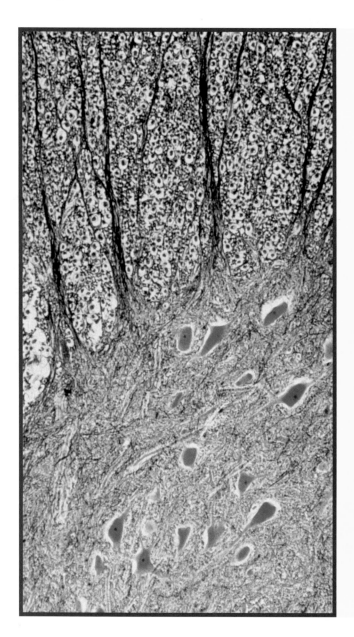

Esta fotografía muestra cientos de células nerviosas dentro de la médula espinal.

CAPÍTULO 4

EL ENCÉFALO

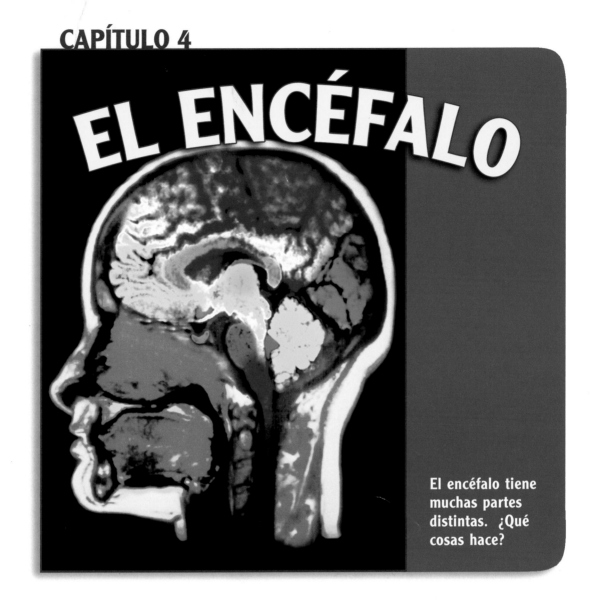

El encéfalo tiene muchas partes distintas. ¿Qué cosas hace?

El encéfalo es la parte del cuerpo que te hace ser quien eres. Te permite hablar y entender lo que los demás dicen. Recuerda las cosas que has hecho, visto y aprendido.

El encéfalo te hace sentir contento o triste.
Decide cuál es tu comida o tu color favorito. Te
ayuda a aprender a andar en bicicleta y a dar
volteretas. Y hace que el resto del cuerpo funcione
como debe hacerlo.

El encéfalo ayuda a que todas las partes de tu cuerpo trabajen en equipo.

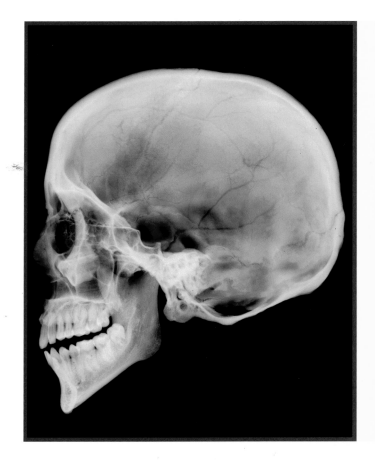

La parte redondeada del cráneo protege el encéfalo. Está compuesta de ocho huesos planos que encajan como las piezas de un rompecabezas.

El encéfalo es muy blando, pero el cráneo lo protege. El cráneo está hecho de huesos duros que encajan perfectamente. Protegen al encéfalo de lesiones, incluso si te caes y te golpeas la cabeza.

Dentro del cráneo, el encéfalo flota en un líquido transparente. Este líquido evita que el encéfalo se golpee contra el cráneo y se lesione.

El encéfalo tiene tres partes principales:
el tronco encefálico, el cerebelo y el cerebro. Cada
parte cumple funciones importantes.

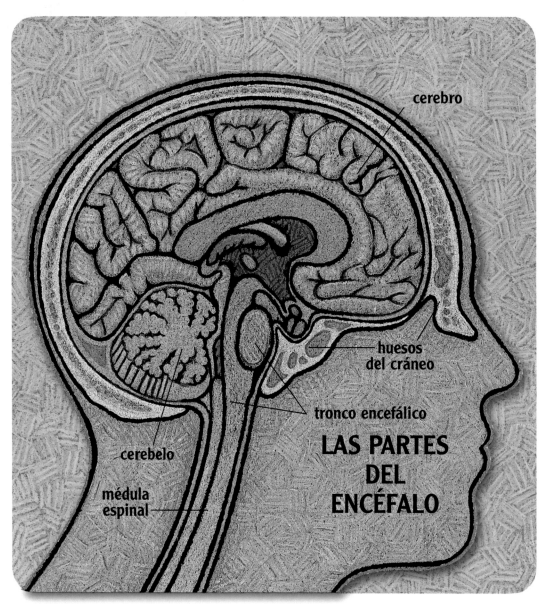

cerebro

huesos
del cráneo

tronco encefálico

cerebelo

médula
espinal

**LAS PARTES
DEL
ENCÉFALO**

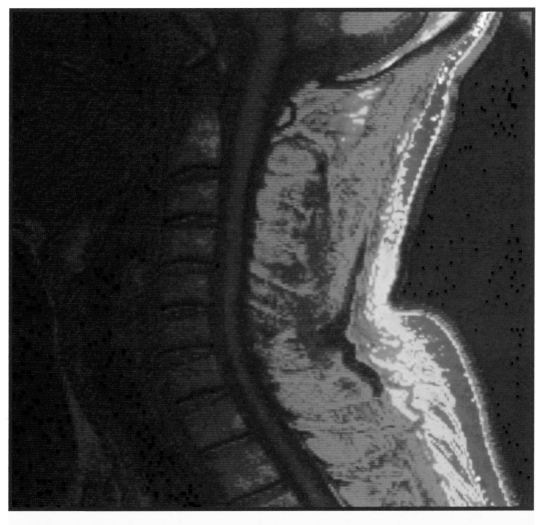

El tronco encefálico se une a la médula espinal en la parte superior del cuello.

El tronco encefálico transmite mensajes entre el cerebro y la médula espinal, y controla el movimiento de la cabeza y el cuello.

El tronco encefálico también controla las cosas que tu cuerpo hace solo. Hace que tu corazón lata y tus pulmones respiren. Controla cómo se descomponen los alimentos. Controla el sueño y la capacidad de soñar. ¡También controla funciones como tragar, vomitar, estornudar, toser y tener hipo!

El tronco encefálico controla los estornudos.

El cerebelo te ayuda a mantener el equilibrio cuando andas en patineta.

El cerebelo controla tus movimientos. Te ayuda a mantener el equilibrio y guarda los recuerdos de cómo hacer algunas cosas, como comer con tenedor o andar en patineta.

El cerebro es la parte más grande del encéfalo. La capa externa del cerebro se llama corteza. La corteza tiene surcos profundos gracias a los cuales ocupa menos espacio. Es como hacer una bola con una hoja grande de papel para que se vea más pequeña.

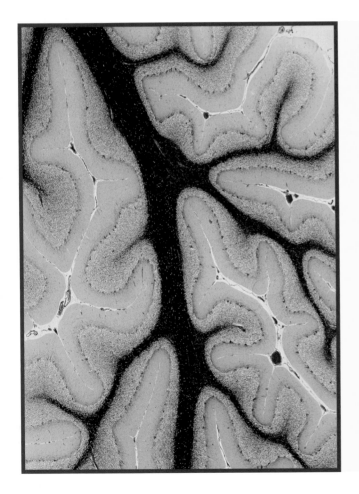

Esta ilustración muestra el interior del cerebelo.

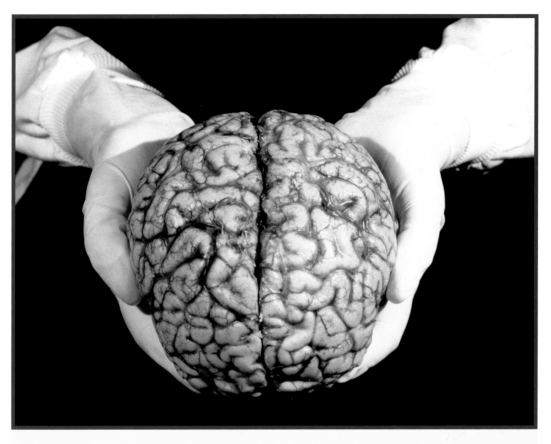

El cerebro de un adulto pesa unas 3 libras (1.4 kilogramos). Es del tamaño de una toronja grande.

La corteza es la parte del cerebro en la que se producen la mayoría de los pensamientos. Recibe mensajes de los ojos, los oídos, la nariz, la lengua y la piel. Guarda los recuerdos y toma decisiones. También ayuda a controlar los músculos.

El cerebro está dividido en dos mitades que parecen las mitades de una nuez. La mitad izquierda controla los músculos del lado derecho del cuerpo y la mitad derecha controla los músculos del lado izquierdo.

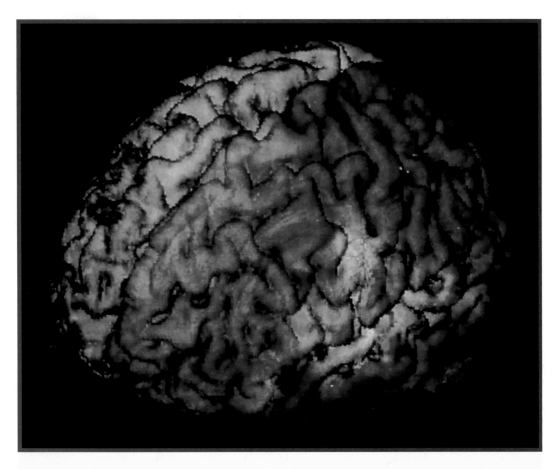

Las áreas claras de esta imagen son las partes del cerebro que te permiten hablar.

La mitad derecha del cerebro te permite producir música.

Cada mitad del cerebro se destaca en cosas distintas. La mitad izquierda es mejor para hablar, leer y resolver problemas de matemáticas. La mitad derecha es mejor para producir música y arte, entender figuras, imaginar cosas y hacer chistes.

CAPÍTULO 5

TRABAJO EN EQUIPO

Los componentes del sistema nervioso trabajan en equipo. ¿Cómo se transmiten los mensajes a través del sistema nervioso?

Los nervios, la médula espinal y el encéfalo trabajan en equipo. Esto permite que tu cuerpo funcione correctamente.

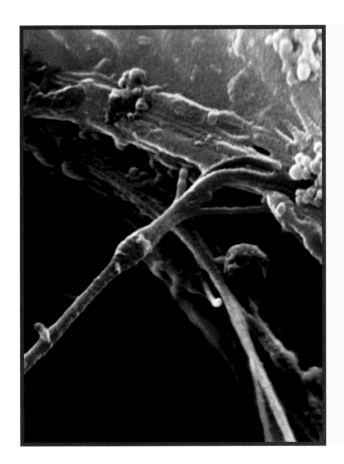

Las células nerviosas se conectan unas con otras para enviar mensajes por todo el cuerpo.

Tu cuerpo capta millones de mensajes todos los días. El sistema nervioso ignora la mayoría de ellos, pero de vez en cuando un receptor recibe un mensaje importante y lo transmite a un nervio. El nervio transmite el mensaje a la médula espinal y ésta lo transmite al encéfalo. El encéfalo decide qué hacer con él.

Supongamos que los receptores de la nariz captan un mensaje interesante. Los nervios lo transmiten al encéfalo. El cerebro revisa entonces todos sus recuerdos de olores. ¡Ajá! ¡El mensaje significa que alguien está horneando galletas! El cerebro recuerda que las galletas son ricas y decide que deberías ir a buscar una.

Cuando tu nariz huele galletas recién horneadas, el sistema nervioso le envía un mensaje al encéfalo.

El encéfalo sabe lo que significa el aroma de las galletas. ¡Es hora de un bocadillo!

Entonces el cerebelo asume el control. Planea qué movimientos tienes que hacer para ir a la cocina. Momentos después de oler las galletas, te estás comiendo una.

Todo esto sucede rápidamente. Pero a veces hay una emergencia y el cuerpo necesita actuar aún más rápidamente para evitar que te lastimes. Entonces, la médula espinal viene al rescate.

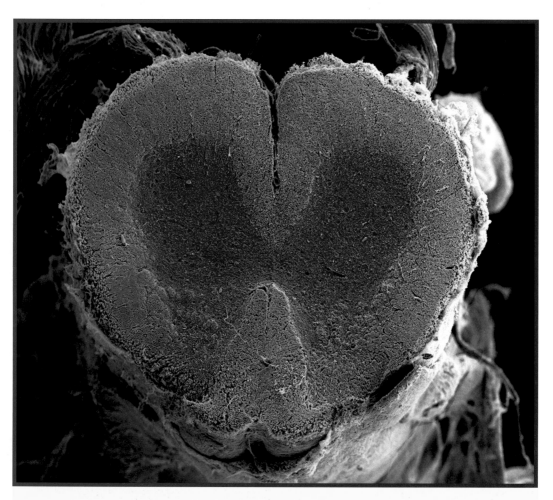

Las células nerviosas de la médula espinal trabajan velozmente. Evitan que te lastimes.

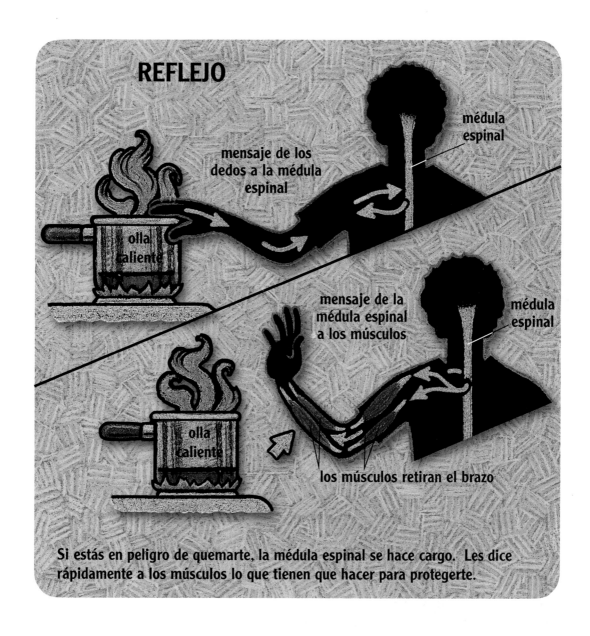

REFLEJO

mensaje de los dedos a la médula espinal

médula espinal

olla caliente

mensaje de la médula espinal a los músculos

médula espinal

olla caliente

los músculos retiran el brazo

Si estás en peligro de quemarte, la médula espinal se hace cargo. Les dice rápidamente a los músculos lo que tienen que hacer para protegerte.

La médula espinal te protege produciendo reflejos. Un reflejo es algo que tu cuerpo hace aunque no hayas pensado en hacerlo.

Si tocas una olla caliente, los nervios de la piel envían un mensaje de emergencia. El mensaje se transmite a la médula espinal. No hay tiempo de enviarlo al encéfalo para preguntarle qué hacer, así que la médula espinal produce un reflejo. Envía un mensaje a los músculos del brazo.

Tocar algo muy caliente puede producir una quemadura grave.

Si tocas una olla caliente, la médula espinal te hace retirar la mano muy rápidamente.

El mensaje les dice a tus músculos que retiren la mano de la olla. Los músculos se contraen y la mano se aleja de un tirón de la olla. ¡El mensaje viaja tan rápidamente que retiras la mano antes de sentir siquiera el calor! La rápida acción de la médula espinal te protege de una quemadura grave.

El sistema nervioso controla todo lo que haces. Hace que tu cuerpo funcione sin problemas. Te ayuda a recordar dónde vives, a arrojar una pelota y a decidir qué está bien y qué está mal.

El sistema nervioso te ayuda a sostener y arrojar una pelota.

El sistema nervioso te ayuda a saborear el helado.

El sistema nervioso te ayuda a inventar cuentos y a comer helado. Te ayuda a reír. El sistema nervioso hace que seas distinto de todas las demás personas del mundo. Hace que seas especial.

SOBRE COMPARTIR UN LIBRO

Al compartir un libro con un niño, le demuestra que leer es importante. Para aprovechar al máximo la experiencia, lean en un lugar cómodo y tranquilo. Apaguen el televisor y eviten otras distracciones, como el teléfono. Estén preparados para comenzar lentamente. Túrnense para leer distintas partes del libro. Deténganse de vez en cuando para hablar de lo que están leyendo. Hablen sobre las fotografías. Si el niño comienza a perder interés, dejen de leer. Cuando retomen el libro, repasen las partes que ya han leído.

DETECTIVE DE PALABRAS

La lista de la página 5 contiene palabras que son importantes para entender el tema de este libro. Conviértanse en detectives de palabras y búsquenlas mientras leen juntos el libro. Hablen sobre el significado de las palabras y cómo se usan en la oración. ¿Alguna de estas palabras tiene más de un significado? La definición de las palabras se encuentra en el glosario de la página 46.

¿QUÉ TAL UNAS PREGUNTAS?

Use preguntas para asegurarse de que el niño entienda la información de este libro. He aquí algunas sugerencias:

> ¿Qué nos dice este párrafo? ¿Qué muestra la imagen? ¿Qué crees que aprenderemos ahora? ¿Para qué necesitas los nervios? ¿Cómo te protege la médula espinal? ¿Qué hace el tronco encefálico? ¿Cuál es tu parte favorita del libro? ¿Por qué?

Si el niño tiene preguntas, no dude en responder con otras preguntas, como: ¿Qué crees *tú*? ¿Por qué? ¿Qué es lo que no sabes? Si el niño no recuerda algunos datos, consulten el índice.

PRESENTACIÓN DEL ÍNDICE

El índice le permite al lector encontrar información sin tener que revisar todo el libro. Consulte el índice de la página 48. Elija una entrada, por ejemplo *nervios*, y pídale al niño que use el índice para averiguar de qué están hechos los nervios. Repita este proceso con todas las entradas que desee. Pídale al niño que señale las diferencias entre un índice y un glosario. (El índice le sirve al lector para encontrar información, mientras que el glosario explica el significado de las palabras.)

EL SISTEMA NERVIOSO

LIBROS

Ballard, Carol. *How Do We Think?* **Austin, TX: Raintree Steck-Vaughn, 1998.** Este libro contiene información básica sobre el encéfalo y tiene algunas actividades que se pueden realizar.

Funston, Sylvia y Jay Ingram. *It's All in Your Brain.* **Nueva York: Grosset & Dunlap, 1994.** Este viaje de exploración a través del encéfalo estudia los cinco sentidos: tacto, gusto, olfato, vista y oído.

Rowan, Peter. *Big Head!* **Nueva York: Knopf, 1998.** Las ilustraciones de tamaño real y las páginas transparentes muestran el interior y el exterior de la cabeza.

Silverstein, Alvin y Virginia y Robert Silverstein. *The Nervous System.* **Nueva York: Twenty-First Century Books, 1994.** Este libro profundiza sobre todas las partes del sistema nervioso.

Swanson, Diane. *Hmm?: The Most Interesting Book You'll Ever Read About Memory.* **Toronto: Kids Can Press, 2001.** Este libro está lleno de datos interesantes y divertidos, y tiene ilustraciones a todo color.

SITIOS WEB

My Body
http://www.kidshealth.org/kid/body/mybody.html
Este divertido sitio Web tiene información sobre los sistemas y aparatos del cuerpo, además de películas, juegos y actividades.

Neuroscience for Kids
http://faculty.washington.edu/chudler/neurok.html
Esta página contiene datos sobre el encéfalo y el sistema nervioso, junto con experimentos, actividades y enlaces a otras páginas Web.

Pathfinders for Kids: The Nervous System—The Control Center
http://infozone.imcpl.org/kids_nerv.htm
Esta página Web tiene una lista de recursos que puedes usar para aprender más sobre el sistema nervioso.

GLOSARIO

cerebelo: parte del encéfalo que controla los movimientos del cuerpo

cerebro: parte más grande del encéfalo; está dividido en dos mitades, cada una de las cuales se especializa en cosas distintas

corteza: capa exterior rugosa del encéfalo; es la parte que piensa, guarda los recuerdos y toma decisiones

cráneo: huesos duros de la cabeza que protegen el encéfalo

encéfalo: órgano que está al tanto de todo lo que sucede en el cuerpo

médula espinal: haz de células nerviosas que pasa por la columna vertebral y conecta los nervios al encéfalo

nervios: haces de células nerviosas que transportan mensajes entre el cerebro y el resto del cuerpo

órganos: partes del cuerpo que cumplen funciones especiales; el encéfalo, los pulmones, el estómago y el corazón son órganos

receptores: células nerviosas que reúnen información proveniente del mundo y del cuerpo

reflejos: algo que el cuerpo hace automáticamente, sin pensarlo

tronco encefálico: parte del encéfalo que controla las cosas que el cuerpo hace solo

ÍNDICE

Las páginas resaltadas en **negrita** hacen referencia a fotografías.